essentials

Essentials liefern aktuelles Wissen in konzentrierter Form. Die Essenz dessen, worauf es als „State-of-the-Art" in der gegenwärtigen Fachdiskussion oder in der Praxis ankommt. Essentials informieren schnell, unkompliziert und verständlich

- als Einführung in ein aktuelles Thema aus Ihrem Fachgebiet
- als Einstieg in ein für Sie noch unbekanntes Themenfeld
- als Einblick, um zum Thema mitreden zu können.

Die Bücher in elektronischer und gedruckter Form bringen das Expertenwissen von Springer-Fachautoren kompakt zur Darstellung. Sie sind besonders für die Nutzung als eBook auf Tablet-PCs, eBook-Readern und Smartphones geeignet.

Essentials: Wissensbausteine aus Wirtschaft und Gesellschaft, Medizin, Psychologie und Gesundheitsberufen, Technik und Naturwissenschaften. Von renommierten Autoren der Verlagsmarken Springer Gabler, Springer VS, Springer Medizin, Springer Spektrum, Springer Vieweg und Springer Psychologie.

Jan Westerbarkei

Intergruppenverhalten

Diskriminierung von Menschen
verschiedener sexueller und
geschlechtlicher Identitäten

Jan Westerbarkei
Köln, Deutschland

ISSN 2197-6708   ISSN 2197-6716 (electronic)
ISBN 978-3-658-06621-5   ISBN 978-3-658-06622-2 (eBook)
DOI 10.1007/978-3-658-06622-2

Die Deutsche Nationalbibliothek verzeichnet diese Publikation in der Deutschen Nationalbiblio-
grafie; detaillierte bibliografische Daten sind im Internet über http://dnb.d-nb.de abrufbar.

Springer VS

Gedruckt auf säurefreiem und chlorfrei gebleichtem Papier

Springer VS ist eine Marke von Springer DE. Springer DE ist Teil der Fachverlagsgruppe Springer
Science+Business Media
www.springer-vs.de

Einleitung

Nach dem öffentlichen Bekenntnis zur Homosexualität des ehemaligen Fußballprofis und Nationalspielers Thomas Hitzlsperger im Januar 2014 ist eines der letzten großen Tabus im Sport gefallen (Emcke und Müller-Wirth 2014). Der Profifußball gilt immer noch als Inbegriff einer klassischen Männersportart, in dem vermeintlich männlich konnotierte Tugenden wie Kraft, Kameradschaft, Leistungsfähigkeit und Durchsetzungsvermögen einen hohen Stellenwert einnehmen. Ein Coming-out ist somit für Profis gleichbedeutend mit Statusverlust (Eggeling 2010, S. 22 ff.). Allerdings konnte sich Hitzlsberger nach dem Bekenntnis zur gleichgeschlechtlichen Liebe vor Lob kaum retten. Vom Deutschen Fußballbund bis hin zu führenden Politikern und dem Regierungssprecher der Bundesregierung kommentierten alle das Coming-out als mutigen und couragierten Schritt, der Respekt verdiene (SpiegelOnline 2014). Die Frage, die sich bei so viel Zustimmung auf höchster politischer und gesellschaftlicher Ebene stellt, ist, ob die Debatte über die Diskriminierung von Menschen verschiedener sexueller und geschlechtlicher Identitäten überhaupt noch zeitgemäß ist? Sind Lesben, Schwule, Bisexuelle, Transsexuelle, Transgender und Intersexuelle – kurz: LSBTTI[1] – nicht schon längst in der Mitte der Gesellschaft angekommen? Bemerkenswert ist, dass nahezu zeitgleich mit dem Coming-out Hitzlspergers in Baden-Württemberg eine Petition von dem Realschullehrer Gabriel Stängle mit dem Namen „Zukunft – Verantwortung – Lernen: Kein Bildungsplan 2015 unter der Ideologie des Regenbogens" (Stängle 2013) initiiert wurde. Die Petition richtet sich gegen die geplante Bildungsreform in Baden-Württemberg, in dem die Toleranz und „Akzeptanz sexueller Vielfalt" (Kultusministerium Baden-Württemberg 2013a, S. 9) in allen Schulformen verpflichtend im Unterricht gefördert werden soll. Die Petition, welche sich offen sexueller Vorurteile und diskriminierender Argumenten gegenüber LSBTTI bedient, erreichte

---

[1] Eine ausführliche Definition von LSBTTI befindet sich in Anhang 1.

in ihrem kurzen Verlauf über 192.000 Unterzeichner aus ganz Deutschland. Die polarisierte Debatte über die Akzeptanz und Diskriminierung sexueller Vielfalt in Deutschland scheint somit trotz großer Fortschritte aktueller denn je.

Ziel dieses Essentials ist es, die Vorurteile und Bedrohungswahrnehmungen der Petitionskommentare anhand der Integrated Threat Theorie (ITT) zu beleuchten und die vorgebrachten Argumente der Unterstützer mit den drei Bedrohungskategorien der Theorie zu klassifizieren und auszuwerten. Die Annahme dabei ist, dass die Kommentare durch die ITT erklärt und die Intentionen der Kommentatoren durch die Ausführungen über Intergruppenverhalten entschlüsselt werden können. Außerdem wird die Hypothese ausgearbeitet, dass die Bedrohungen nur als solche wahrgenommen werden, einer objektiven wissenschaftlichen Untersuchung aber nicht standhalten können.

Im ersten Abschnitt werden die Theorien sozialer Ausgrenzung vorgestellt. Dabei wird zunächst auf die Theorie des realistischen Gruppenkonflikts und die Theorie der sozialen Identität eingegangen, da diese Ansätze theoretisches Hintergrundwissen für die im Anschluss dargestellte ITT liefern. Der zweite Abschnitt des Essentials beschäftigt sich mit Homosexualität und der Diskriminierung homosexuell lebender Menschen in Deutschland, um das darauf aufbauende Fallbeispiel der Bildungsplanreform 2015 und die verfasste Gegenpetition in Baden-Württemberg besser in den Gesamtkontext einordnen zu können. Nach der Darstellung aller notwendigen Informationen für die Analyse der Kommentare wird die Methodik und Forschungshypothese präsentiert. Es folgt die Kategorisierung und Auswertung der Kommentare der Petition gegen die Bildungsplanreform. Abschließend werden die wichtigsten Erkenntnisse resümiert und mit einem Fazit abgeschlossen.

Was Sie in diesem Essential finden können

- Eine Einführung in die wichtigsten Theorien von Intergruppenverhalten
- Einen Überblick über die Geschichte und Konzepte der Diskriminierung Homosexueller in Deutschland.
- Die Ziele der Bildungsplanreform 2015 in Bezug auf die Akzeptanz von Menschen verschiedener sexueller und geschlechtlicher Identitäten.
- Die Anwendung von Intergruppentheorien auf das Fallbeispiel der Online-Petition gegen die Bildungsplanreform 2015.
- Eine Analyse der Bildung vorurteilsbehafteter und diskriminierender Aussagen durch Intergruppenkonflikte.

Inhaltsverzeichnis

Die Theorien sozialer Ausgrenzung 1

Die Theorien intergruppalen Verhaltens legen im Gegensatz zu den Theorien der interindividuellen Unterschiede den Fokus auf den sozialen Kontext von Vorurteilen und Diskriminierung. Die grundlegende Annahme ist, dass Individuen nicht losgelöst von ihrem sozialen Kontext handeln, sondern sich unter bestimmten Umständen an anderen Menschen oder Gruppen orientieren und danach ihr soziales Handeln ausrichten. Individuelles Handeln wird demnach bei Theorien intergruppalen Verhaltens im Zusammenspiel mit der den Menschen umgebenden Umwelt betrachtet (Whitley und Kite 2010, S. 325 f.). Im Folgenden werden kurz die Theorien vorgestellt, aus der die ITT hervorgegangen ist, da eine kurze Einführung ertragreich für das Verständnis der ITT und der späteren Analyse ist.

1.1 Die Theorie des realistischen Gruppenkonflikts

Aufbauend auf der Erkenntnis der notwendigen Unterscheidung zwischen individuellem Verhalten und dem Verhalten von Individuen bei Identifikation mit einer Gruppe, wurde bereits im 20. Jahrhundert die Theorie des realistischen Gruppenkonflikts entwickelt. Anhand einer Reihe von Feldexperimenten[1] konnte belegt werden, dass Wettbewerb zwischen Gruppen um materielle Güter und Ressourcen die Beurteilung der Mitglieder der jeweils anderen Partei beeinflusst. Von entscheidender Bedeutung war dabei das Verhältnis der Gruppen untereinander. Standen

---

[1] Mehr dazu siehe: Sherif 1966.

© Springer Fachmedien Wiesbaden 2014
J. Westerbarkei, *Intergruppenverhalten*, essentials,
DOI 10.1007/978-3-658-06622-2_1

die Gruppen im gegenseitigen Wettstreit um Ressourcen, erhöhte dies feindseliges Verhalten, Diskriminierung und Konflikte zwischen den Parteien. Innerhalb der Mitglieder einer Gruppe wuchs jedoch das Zusammengehörigkeitsgefühl. Waren hingegen beide Gruppen aufeinander angewiesen und mussten für das Erreichen der Ressourcen zusammenarbeiten, bauten sich die zuvor entstandenen Vorurteile ab und die unterschiedlichen Gruppen kooperierten konfliktfrei, um das gemeinsame Ziel zu erreichen. Konflikte zwischen Parteien entstehen demnach, wenn Gruppen untereinander um knappe Güter konkurrieren. Dabei ist nicht die individuelle Einstellung der Gruppenmitglieder für das Verhältnis des Kollektivs untereinander entscheidend, sondern vielmehr determiniert das Gruppenverhältnis – kompetitiv oder kooperativ – die individuellen Einstellungen und Vorurteile zur anderen Gruppe (Whitley und Kite 2010, S. 325 f.; Mummendey und Otten 2002, S. 96 ff.; Wagner und Stellmacher 2004, S. 159 f.).

Die Theorie des realistischen Gruppenkonfliktes warf jedoch auch einige Fragen auf, die in den Feldexperimenten nicht eindeutig geklärt werden konnten. Vorurteile und Diskriminierung entstehen nach Sherif immer dann, wenn zwei Gruppen im konkreten Konflikt um objektive Ressourcen wie Geld, Güter oder Territorium stehen. Liegt kein objektiver Konflikt vor, sollte es daher auch keine Differenzen zwischen Gruppen geben (Sherif 1966, S. 12). Intergruppenkonflikte ohne objektive Wettbewerbsgrundlage, wie zum Beispiel Rassismus oder sexuelle Vorurteile, lassen sich allerdings häufig in der Realität beobachten (Whitley und Kite 2010, S. 329 ff.; Mummendey und Otten 2002, S. 97 ff.). Wie kann diese Form gesellschaftlicher Ungleichbehandlung erklärt werden?

1.2   Die Theorie der sozialen Identität

Anhand der Fragestellung über den Stellenwert von objektiven Interessenkonflikten für Intergruppenkonflikte entwickelten Tajfel et al. (1971) das sogenannte Minimalgruppenparadigma (MGP). Der experimentale Aufbau des Paradigmas sollte Intergruppenverhalten bei einer Einteilung der Parteien in triviale Kategorien untersuchen.[2] Versuchsteilnehmer wurden zufällig und ohne sich vorher kennengelernt zu haben anhand von irrelevanten Faktoren in unterschiedliche Gruppen eingeteilt, um anschließend untersuchen zu können, ob die Eigengruppe auch ohne relevanten Zielbezug bevorzugt wird. Tatsächlich konnte Tajfel die Annahme bestätigen

---

[2] Aufbau und Durchführung des MGP siehe: Tajfel et al. 1971.

und somit nachweisen, dass Kategorisierungseffekte allein ausreichen, um die Eigengruppe zu favorisieren (Mummendey und Otten 2002, S. 99). Das Ergebnis impliziert, „[...] that discriminatory intergroup behaviour cannot be fully understood if it is considered solely in terms of an ‚objective' conflict of interests or in terms of deep-seated motives [...]" (Tajfel et al. 1971, S. 176). Diese Erkenntnis erweitert die Theorie des realistischen Gruppenkonflikts. Ein realistischer Konflikt fördere zwar feindseliges Intergruppenverhalten, ist aber keine notwendige Bedingung für eine Auseinandersetzung beziehungsweise systematische Abwertung der Fremdgruppe. Allein die subjektive Identifikation mit einer Gruppe reicht aus, um Konflikte entstehen zu lassen (Tajfel et al. 1971; Whitley und Kite 2010, S. 329 ff.; Mummendey und Otten 2002, S. 97 ff.).

Das MGP kann allerdings nicht erklären, *warum* eine Bevorzugung der Eigengruppe ohne rational erkennbaren Grund einer Gleichbehandlung aller vorgezogen wird. Um dies zu erklären, entwickelten Tajfel und Turner (1986) die Theorie der sozialen Identität. Grundlegende Annahme ist hierbei, dass sich Menschen über zwei Aspekte selbst definieren: die personale und die soziale Identität. Während sich die personale Identität über das Individuum im Vergleich zu anderen Individuen festlegt, wird die soziale Identität über Gruppenmitgliedschaften und die Bewertung dieser Gruppen im sozialen Vergleich abgeleitet. Die Art der Situation, in der sich die Individuen befinden, lässt entweder die personale oder die soziale Identität salient werden und dient anschließend dem Individuum als Bezugspunkt für den sozialen Vergleich (Tajfel und Turner 1986; Wagner und Stellmacher 2004, S. 160 ff.). Letztlich geht es daher um einen Identitätskonflikt, bei dem sich das Individuum erstens über die Kategorie der personalen oder der sozialen Identität definiert und zweitens innerhalb der sozialen Identität bestrebt ist, sich von Vergleichsobjekten positiv abzuheben und sich damit selbst positiv zu bewerten. Das Individuum, welches sich in einer bestimmten Situation über eine Gruppenmitgliedschaft identifiziert, versucht daher, die Eigengruppe im Vergleich positiv hervorzuheben und die Unterscheidung zur Außengruppe zu erhöhen. Die dadurch entstehende Abgrenzung und positive Bewertung der Eigengruppe führt abschließend zu einer wohlwollenden Selbsteinschätzung, welche das Individuum für das eigene Selbstkonzept anstrebt. Mitglieder, die sich mit einer Gruppe identifizieren, wenden daher auch Strategien[3] an, um ihre Eigengruppe im stetigen Wettbewerb um Anerkennung mit anderen Vergleichsgruppen besser stellen zu können (Tajfel und Turner 1986; Wagner und Stellmacher 2004, S. 160 ff.; Mummendey und Otten 2002, S. 99 ff.). Es gibt noch weitere Theorien, die in einem engen Bezug zur ITT stehen wie zum Beispiel die Theorie der Selbstkategorisierung (siehe dazu: Turner 1987) und die Theorie der

---

[3] Mehr zu Strategien der positiven Unterschiede siehe: Mummendey und Otten 2002, S. 101 f.

relativen Deprivation (siehe dazu: Runciman 1966). Da diese aber nicht für das Verständnis der ITT von dringender Voraussetzung sind, werden die Theorien an dieser Stelle nicht näher erläutert.

1.3 Die Integrated Threat Theory (ITT)

Die ITT von Stephan und Stephan (2000) verbindet die Elemente der Theorie des realistischen Gruppenkonflikts und der Theorie der sozialen Identität. Die Autoren äußern ihren Unmut darüber, dass „[...] research was occurring in isolation and [...] that each investigator was only examining a part of the picture." (Stephan und Stephan 2000, S. 25). Ihre Unzufriedenheit mit den bestehenden Erklärungsansätzen mündet in einer Synthese und Weiterentwicklung der Theorien in die ITT, welche durch einen breiteren Fokus eine große Erklärungskraft für vorurteilsbelastetes Verhalten in Intergruppenbeziehungen aufweist (Stephan und Stephan 2000, S. 25; Whitley und Kite 2010, S. 349 f.). Als Ursachen für Vorurteile wird in der ITT von drei Bedrohungen oder Ängsten ausgegangen, die im Folgenden kurz erläutert werden.

Der erste ‚threat' stellt die **realistische Bedrohung** dar und ist stark an die Theorie des realistischen Gruppenkonflikts angelehnt. Wie bereits in Abschn. 2.1 erläutert, stehen auch hier zwei Gruppen in einem Konflikt, der die Existenzgrundlage der Eigengruppe oder ihrer Mitglieder bedrohen kann, da existenzielle Güter wie Ressourcen, Wohlstand, politische oder ökonomische Macht konkret bedrängt werden. Das Paradebeispiel für eine realistische Bedrohung stellt eine Kriegssituation dar (Sherif 1966). Anders als Sherif, der *nur* objektiv reale Konflikte als realistische Bedrohung anführt, entwickeln Stephan und Stephan (2000) ein umfassenderes Konzept. Es werden auch Bedrohungen in der Theorie als realistisch eingestuft, die lediglich als solche vom Rezipienten der Bedrohung angesehen werden. Die Eigengruppe muss somit nicht notwendigerweise explizit bedroht sein, aber die Bedrohung muss als real *wahrgenommen* werden. Die subjektive Einstufung einer Bedrohung als realistisch reicht aus, um die Konsequenzen wie Vorurteile und Diskriminierung gegenüber der Fremdgruppe hervorzurufen. Ob eine Bedrohung realistisch ist oder nicht, unterliegt in der ITT somit der subjektiven Wahrnehmung des Rezipienten, da objektiv gesehen kein realistischer Konflikt vorliegen muss, um negatives Gruppenverhalten auszulösen (Stephan und Stephan 2000, S. 25; Whitley und Kite 2010, S. 350).

Die zweite Kategorie der ITT behandelt die **symbolische Bedrohung** der Eigengruppe. Dies geschieht in erster Linie durch *wahrgenommene* Gruppenunterschiede in immateriellen Gütern wie Wertvorstellungen, Weltanschauung, Moral und Verhaltensweisen. Vertritt die Fremdgruppe andere als die von der Eigengruppe akzeptierten Normen, stellt sie damit das Glaubenssystem der Eigengruppe in Frage. Abweichungen von der selbst definierten Norm der Eigengruppe werden als Bedrohung angesehen, da die Angst vorherrscht, dass die Außengruppe das Wertesystem untergraben könnte. Die eigenen Normen werden in diesem Zusammenhang als die einzig moralisch vertretbaren angesehen. Die *Wahrnehmung* der Mitglieder einer Gruppe, dass Eigengruppenwerte bedroht sein könnten, ist somit bei der symbolischen Bedrohung der Grund für Diskriminierung und Vorurteile (Stephan und Stephan 2000, S. 25 f.; Whitley und Kite 2010, S. 350). Ein Beispiel für eine typische symbolische Bedrohung stellt die Diskriminierung von Menschen verschiedener sexueller und geschlechtlicher Identitäten dar. Durch die in der Gesellschaft existierende sexuelle Vielfalt sehen einige Menschen ihr traditionelles Wertesystem von einer typischen Familie in Frage gestellt. Die wahrgenommene Bedrohung der eigens favorisierten Lebensgemeinschaft durch vermeintlich abweichendes Verhalten kann zu Vorurteilen und diskriminierenden Verhalten gegenüber der Fremdgruppe führen (Clifton 2011).

Die dritte Kategorie der Theorie behandelt die sogenannte **Intergroup anxiety** und bezieht sich auf die Gefühlsebene von Individuen bei der Interaktion mit Mitgliedern der Außengruppe. Aufgrund mangelnder Identifikation mit der Fremdgruppe und der Abwesenheit gemeinsamer Wertvorstellungen fühlen sich Menschen im Kontakt mit Mitgliedern anderer Gruppen oftmals verängstigt oder bedroht. Die Unsicherheit liegt darin, dass Mitglieder einer Gruppe Sorge vor Ablehnung und negativer Wahrnehmung durch Mitglieder anderer Gruppen haben. Aus Angst vor Zurückweisung, Verspottung und Schamgefühl wird die Fremdgruppe gemieden, um sich selbst die potentiell negativen Konsequenzen eines Kontaktes zu ersparen. Anstatt Vorurteile direkt auszudrücken, wird bei der Intergroup anxiety dem Kontakt mit Fremdgruppenmitgliedern für das eigene Wohlbefinden ausgewichen (Stephan und Stephan 2000, S. 27; Whitley und Kite 2010, S. 349 f.). Ein solches Verhalten ist zum Beispiel durch das Konzept des Aversivem Rassismus oder auch Aversiver Homophobie belegt. Hierbei befürwortet die dominante Gruppe egalitäre Normen und spricht sich sogar gegen Diskriminierung aus. Unterschwellig bestehen trotz Sympathien für die Fremdgruppe allerdings kulturell-sozialisierte Ängste gegenüber Minderheiten. Diese innere Ambivalenz drückt sich in Kontaktvermeidung der Fremdgruppe aus (Zick und Küpper 2008, S. 114 f.).

Die genannten Bedrohungen der ITT führen bei Identifikation mit der Eigengruppe zur Bildung von Vorurteilen oder diskriminierendem Verhalten, was in Abb. 1.1 noch einmal zur Veranschaulichung dargestellt wird.

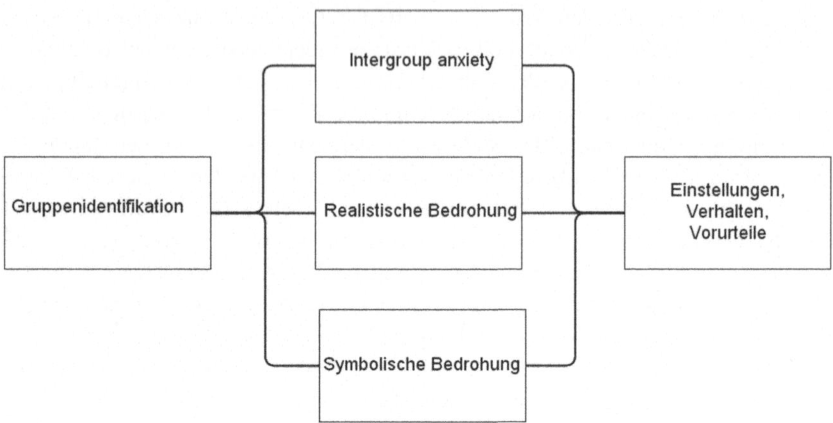

Abb. 1.1 Eigene Darstellung in Anlehnung an Stephan und Stephan 2000, S. 37

Die drei Bedrohungskategorien unterscheiden sich deutlich in ihren Ausformungen, bei der individuellen Wahrnehmung von Bedrohungen tritt aber letztlich ein gleicher Mechanismus ein: die Identifikation mit der Eigengruppe und ein verstärkt wahrgenommener Wettbewerb mit der Außengruppe. Mitglieder einer Gruppe werden bei perzipierter Gefahrenlange aufmerksamer gegenüber Wertunterschieden zur Außengruppe, sodass ein Wunsch zur Abgrenzung entsteht. Die ITT ist aufgrund ihrer breiten Auslegung *wahrgenommener* Bedrohungskategorien eine wertvolle Theorie, um Intergruppenkonflikte zu analysieren (Whitley und Kite 2010, S. 351). Anzumerken ist dabei, dass die ITT bei weitem nicht die einzige Theorie ist, die Vorurteile und diskriminierendes Verhalten gegenüber LSBTTI erklären kann. Es gibt in der Sozialpsychologie eine Fülle an Theorien zu den Entstehungsursachen und Gründen für die Diskriminierung von Menschen verschiedener sexueller und geschlechtlicher Identitäten. Aufgrund der hohen Erklärungskraft und Möglichkeit zur Kategorisierung wird in dieser Arbeit jedoch ausschließlich die ITT zur Analyse herangezogen.

Im Folgenden soll in Kürze die Geschichte und aktuelle Situation homosexuell lebender Menschen in Deutschland dargestellt werden, um das Fallbeispiel der Bildungsplanreform 2015 und die verfasste Gegenpetition in Baden-Württemberg in den Gesamtkontext einordnen zu können. Dabei wird bewusst in erster Linie auf homosexuelle Lebensentwürfe eingegangen, da diese sich im historischen Verlauf als Erste als marginalisierte Gruppe wahrgenommen und organisiert haben. Erst durch den Kampf um Anerkennung der Schwulen- und Lesbenbewegung und der damit einhergehenden kulturellen Transformation der Gesellschaft konnten die bis dato nicht organisierten und im Untergrund lebenden Neogeschlechter und Neosexualitäten[1] den Schritt in die Öffentlichkeit wagen (Sigusch 2010, S. 4 ff.). Um angemessen auf die Situation homosexuell lebender Menschen eingehen zu können, bedarf es zunächst einiger Definitionen, um die Begrifflichkeiten rund um die Konzepte der Diskriminierung von LSBTTI klarzustellen.

2.1 Konzepte zur Beschreibung von Diskriminierung

Das geläufigste Konzept in der Alltagssprache ist dabei die sogenannte ‚Homophobie'. Dieser Begriff aus der Psychologie bezeichnet Vorurteile und Ängste gegenüber Menschen mit gleichgeschlechtlicher sexueller Orientierung und beschreibt

---

[1] Dazu gehören: „[. . .] Bisexuelle, Fetischisten, BDSMler, Bigender, Transvestiten, Transgender, Transidentische, Transsexuelle, E-Sexuelle, Intersexuelle, Polyamoristen, Asexuelle, Objektophile, Agender und andere" (Sigusch 2010, S. 6).

© Springer Fachmedien Wiesbaden 2014   7
J. Westerbarkei, *Intergruppenverhalten*, essentials,
DOI 10.1007/978-3-658-06622-2_2

außerdem die Abwertung homosexueller Lebensformen. Der Begriff steht allerdings im wissenschaftlichen Kontext in der Kritik, da er negativen Einstellungen gegenüber Homosexuellen eine (krankhafte) Phobie, also eine irrationale Angst, zugrunde legt. Sexuelle Vorurteile sind allerdings gesellschaftlich konstruiert und negative Einstellungen zur Homosexualität werden erlernt, sodass hier das Konzept einer individuellen Phobie widersprüchlich erscheint. Aufgrund dessen wird der Begriff Homophobie in dieser Arbeit nicht verwendet (Zick et al. 2011, S. 47 f.; Steffens 2010, S. 15). Treffender und weniger kontrovers sind daher zum Beispiel Bezeichnungen wie ‚sexuelles Vorurteil‘, ‚negative Einstellungen gegenüber Homo- und Transsexuellen‘ oder die ‚Diskriminierung von Menschen verschiedener sexueller und geschlechtlicher Identitäten‘. Auch das Konzept des ‚Heterosexismus‘ umfasst negative Einstellungen gegenüber LSBTTI auf individueller und struktureller Ebene. Dabei wird von einer Überlegenheit der Heterosexualität gegenüber anderen sexuellen Orientierungen ausgegangen. Die Dominanz heterosexueller Lebensentwürfe führe dazu, dass alle von der gesellschaftlichen Norm abweichenden sexuellen Orientierungen als unnatürlich und minderwertig angesehen werden (Adam 1998, S. 388; Steffens 2010, S. 14 f.). Der Begriff ‚Heteronormativität‘ aus der Queer Theorie[2] stellt Heterosexualität als soziale Norm dar und postuliert das zweiteilige Geschlechtersystem als das einzig wünschenswerte. Die Gegenüberstellung von Hetero- und Homosexualität fördere aber die Abgrenzung des einen von dem anderen, sodass nach Ansicht der Queer-Vertreter die Distinktion überwunden werden müsse, um Heterosexualität als Norm aufzubrechen. Heterosexismus kann Ausdruck einer internalisierten Heteronormativität sein, um abweichendes Verhalten zu sanktionieren und die Norm des zweiteiligen Geschlechtersystems aufrechtzuerhalten (Adam 1998, S. 388 f.). Trotz verschiedener Schulen und Ausrichtungen darf nicht vergessen werden, dass alle Konzepte – trotz Differenzen – dazu gedacht sind, den Sachverhalt der Diskriminierung von LSBTTI angemessen zu beschreiben. Die fachgenaue Unterscheidung der Begrifflichkeiten ist für diese Arbeit nicht explizit relevant.

2.2 Zwischen Diskriminierung und Emanzipation: Homosexuelle in Deutschland

Auf struktureller Ebene verbot der Strafrechtsparagraph 175 aus dem Jahre 1872 des Deutschen Kaiserreiches sexuelle Handlungen zwischen Personen des männlichen Geschlechts. Während der Zeit der Nationalsozialisten wurden die Strafen

---

[2] Siehe dazu: Woltersdorff und Logorrhöe 2003.

des genannten Absatzes bei ‚Unzucht' zwischen Männern darüber hinaus 1935 verschärft. Erst 1994 wurde der Paragraph in der BRD vollständig aus dem Strafrecht beseitigt und erschwerte bis dato die freie Auslebung der persönlichen sexuellen Orientierung vieler Homosexueller. Während man in der DDR nach Beendigung des 2. Weltkrieges zur alten, etwas abgemilderten Fassung des § 175 zurückgekehrte, blieb in der BRD der aus heutiger Sicht menschenverachtende Paragraph aus NS-Zeiten bis zum Jahre 1969 unverändert bestehen. Homosexuelle Lebensformen wurden somit durch die Illegalisierung und strafrechtliche Verfolgung strukturell diskriminiert. Erst als durch liberale Interventionen in der BRD in den Jahren 1969 und 1973 das Sexualstrafrecht reformiert und abgeschwächt wurde[3], konnte sich die bis dahin im Untergrund lebende homosexuelle Szene allmählich vom Joch der staatlichen Repression befreien. Unterstützt durch die Rechtsreform, der linksliberalen Bewegung der ‚1968er' und der aufkommenden Schwulenbewegung in den USA gewann die stigmatisierte Gruppe Homosexueller in Deutschland an Selbstbewusstsein und trat offen für ihre Anerkennung, Rechte und Gleichberechtigung ein. Die durch die Gesellschaft negativ besetzte und vorurteilsbehaftete Bezeichnung ‚schwul' konnte von der Bewegung aufgegriffen und zu einer positiven Selbstidentität uminterpretiert werden. Der daran anknüpfende jahrzehntelange Kampf um Gleichberechtigung von homosexuellen Lebensentwürfen hatte einen gesamtgesellschaftlichen Wandel zur Folge. Die gesellschaftliche Wahrnehmung und Akzeptanz gegenüber Homosexuellen hat sich im Laufe der Jahre positiv verändert und mit dem Lebenspartnerschaftsgesetz von 2001, das gleichgeschlechtliche Ehen ermöglicht, ist ein wichtiger Schritt in Richtung Gleichberechtigung getan. Wie bereits angedeutet, konnten durch die Errungenschaften der Schwulenbewegung auch andere sexuelle und geschlechtliche Identitäten an Selbstvertrauen gewinnen und den Schritt aus dem verdeckten Leben in die Öffentlichkeit wagen (Sigusch 2010; Gammerl 2010). Nichtsdestotrotz stellen Vorurteile und Diskriminierung gegenüber Menschen anderer sexueller und geschlechtlicher Identitäten noch immer ein bedeutendes Problem dar. Auf der Ebene des individuellen Heterosexismus zeigen Studien, dass Homosexuelle immer noch vermehrt Beleidigungen und Bedrohungen im Alltag ausgesetzt sind und auch am Arbeitsplatz Ausgrenzung und Beleidigung erfahren. Im extremsten Fall der Diskriminierung sehen sich Homosexuelle auch tätlichen Angriffen ausgesetzt (Steffens 2010).[4] In einer europaweiten Studie der Friedrich-Ebert-Stiftung von 2011 stimmten 38 % der in Deutschland Befragten der

---

[3] Ab 1973 waren gleichgeschlechtliche sexuelle Handlungen zwischen Männern ab 21 erlaubt. Männer unter 21 konnten allerdings noch nach § 175 mit einer Freiheitsstrafe von bis zu fünf Jahren belangt werden.

[4] Für mehr Informationen und genaue Zahlen siehe: Steffens 2010.

Aussage, „Es gibt nichts Unmoralisches an Homosexualität", eher nicht bis überhaupt nicht zu, was in der Auswertung als Indikator für „Homophobie" gewertet wurde (Zick et al. 2011, S. 203 f.). Schenkt man den repräsentativen Ergebnissen der Studien Glaube, sind Teile der Gesellschaft einem heteronormativen Weltbild verhaftet, das sich teilweise in heterosexistischer Diskriminierung ausdrückt. Eine Gleichbehandlung Homosexueller auf allen gesellschaftlichen Ebenen bleibt somit weiterhin eine Idealvorstellung.

Trotz wichtiger Schritte zu rechtlicher Gleichberechtigung ist auch auf struktureller Ebene die ungleiche Behandlung von gleichgeschlechtlichen Lebenspartnerschaften noch immer ein Problem. Diskriminierung findet unter anderem im Steuer-, Beamten- und Adoptionsrecht statt (Steffens 2010, S. 15 f.). Der Überblick über die Geschichte und aktuellen Probleme Homosexueller in Deutschland soll verdeutlichen, dass es auf politischer und gesellschaftlicher Ebene große Fortschritte bei der Anerkennung und Gleichstellung gleichgeschlechtlich lebender Menschen gegeben hat. Sexuelle Vorurteile und strukturelle Diskriminierung gehören aber auch immer noch zum Lebensalltag von Menschen anderer sexueller und geschlechtlicher Identitäten dazu.

Die Bildungsplanreform 2015 in Baden-Württemberg 3

Die Landesregierung Baden-Württemberg hat beschlossen, in der anstehenden Bildungsplanreform im Jahr 2015 der Pluralität sexueller Lebensformen in Deutschland Rechnung zu tragen und die Förderung der Akzeptanz sexueller Vielfalt im Lehrplan zu verankern, um der Stigmatisierung von LSBTTI entgegenzuwirken (Kultusministerium Baden-Württemberg 2013a). Insgesamt wird damit das Bestreben der Landesregierung nach der Gleichstellung von LSBTTI untermauert, welches im Koalitionsvertrag festgelegt wurde. Die neue Regierungskoalition zwischen SPD und Grünen möchte dem Bundesland Baden-Württemberg „ein neues, tolerantes Gesicht geben" und „Vorreiter für Offenheit und Vielfalt" (Landesregierung Baden-Württemberg 2011, S. 73) werden. Die Bildungsplanreform, welche in erster Linie eine Anpassung der Lehr- und Bildungspläne an die ausgearbeiteten Bildungsstandards der Kultusministerkonferenz erreichen soll, hat außerdem das Ziel, fünf zukunftsorientierte und fachübergreifende Leitprinzipien[1] in den neuen Bildungsplan zu implementieren (Kultusministerium Baden-Württemberg 2013b). Die Förderung der Akzeptanz sexueller Vielfalt ist dabei nur ein Aspekt von vielen Gesichtspunkten, die in den Leitprinzipien umgesetzt werden sollen. Die Vielfältigkeit der heutigen Gesellschaft erfordere die Kompetenz, „[...] die Perspektiven anderer Personen und Kulturen übernehmen zu können, Differenzen zwischen Geschlechtern, sexuellen Identitäten und sexuellen Orientierungen wahrzunehmen und sich für Gleichheit und Gerechtigkeit einsetzen zu können." (Kultusministerium Baden-Württemberg 2013a, S. 1 f.). Durch die Sensibilisierung der Schüler für die

---

[1] Die Leitprinzipien behandeln Bildung für nachhaltige Entwicklung, Medienbildung, Verbraucherbildung, Prävention und Gesundheitsförderung und berufliche Orientierung.

© Springer Fachmedien Wiesbaden 2014
J. Westerbarkei, *Intergruppenverhalten*, essentials,
DOI 10.1007/978-3-658-06622-2_3

Lebensformen von Menschen anderer sexueller und geschlechtlicher Identitäten sollen gängige Vorurteile und Stereotype gegenüber LSBTTI kritisch hinterfragt werden und die Schüler sollen in der Lage sein, auch eigene Einstellungen und Bedürfnisse in Bezug auf die sexuelle Orientierung zu reflektieren. Dabei sollen neben vielen anderen Aspekten zum Beispiel das soziale Geschlecht, die Geschichte der Unterdrückung von Homosexuellen und Menschenrechte in dem Kontext von LSBTTI thematisiert werden (Kultusministerium Baden-Württemberg 2013a).[2] Übergeordnetes Ziel bei der Aufklärung der Schüler über sexuelle Vielfalt ist die Vermittlung von respektvollen und toleranten Werten, welche die Akzeptanz der Diversität in der Gesellschaft fördern und damit letztlich auch die Diskriminierung und Ausgrenzung von LSBTTI auf individueller Ebene verringern soll (Kultusministerium Baden-Württemberg 2014).

3.1 „Kein Bildungsplan 2015 unter der Ideologie des Regenbogens"

Die Initiative der grün-roten Landesregierung stößt allerdings nicht nur auf Gegenliebe. Vielmehr sieht sich das Kultusministerium in einer Online-Petition mit einem Sturm der Empörung konfrontiert, welche die geplante Reform als „eine pädagogische, moralische und ideologische Umerziehung an den allgemeinbildenden Schulen" (Stängle 2013) geißelt. Die Petition mit dem Namen „Zukunft – Verantwortung – Lernen: Kein Bildungsplan 2015 unter der Ideologie des Regenbogens" (ebd.) konnte insgesamt über 192.448 Stimmen[3] aus ganz Deutschland sammeln und erregte aufgrund der hohen Zahl von Unterzeichnern großes mediales und politisches Aufsehen. Allerdings wendet sich der Initiator der Petition, Gabriel Stängle, nicht grundsätzlich gegen das Anliegen des Kultusministeriums, da auch er ein Eintreten gegen die Diskriminierung von LSBTTI unterstütze. Die geplanten Lehrplanänderungen gehen dem Realschullehrer jedoch zu weit. Er befürchtet eine ideologische Indoktrinierung der Kinder durch angebliche LSBTTI-Propaganda und fordert daher eine grundlegende Überarbeitung der Reform. Stängle äußert die Befürchtung, dass die Schüler an eine neue Sexualethik herangeführt werden sollen, die alle sexuelle Orientierungen als gleichwertig darstelle, was über die reine Integration von LSBTTI hinausgehe. Eine Gleichstellung anderer sexueller

---

[2] Für die gesamte Leistung des Bildungsplans in Bezug auf die „Akzeptanz sexueller Vielfalt" siehe: Kultusministerium Baden-Württemberg 2013a.

[3] Davon sind laut Petition 81.999 Stimmen aus Baden-Württemberg.

Lebensformen mit der Ehe zwischen Mann und Frau sind nach seiner ethischen Beurteilung nicht erstrebenswert (ebd.). Neben dem Petitionstext als solchen gibt es außerdem eine insgesamt 443 Seiten starke Kommentarliste. Jeder Unterzeichner hatte die Möglichkeit, durch einen Kommentar seine eigene Meinung zum Thema abzugeben. Diese Liste wird Gegenstand der folgenden Untersuchung.

3.2 Methodik und Forschungshypothese

Die Kommentare der Unterzeichner sollen anhand der ITT untersucht und mögliche Vorurteile und Bedrohungswahrnehmungen mit den drei Kategorien der Theorie – reale Bedrohung, symbolische Bedrohung und Intergroup anxiety – klassifiziert werden. Die Kommentare konnten von den Unterzeichnern und Besuchern der Seite eingesehen und bewertet werden. Für die Analyse werden daher die zehn am besten bewerteten Kommentare[4] ausgewählt, da diese anscheinend der Auffassung vieler Unterstützer der Petition entsprachen. Durch einen Mausklick auf ‚Daumen hoch‘ konnten Besucher der Petitionsseite ihre Zustimmung kundgeben und die Kommentare somit gewichten. Der bestbewertete Kommentar hat 596 positive Klicks erhalten, der zehntbeste 239. Dies entspricht nicht einer repräsentativen Auswertung aller Kommentare, wie zum Beispiel eine Auswahl nach dem Zufallsprinzip. Allerdings sehe ich diese Methode als die effektivste an, da die Kommentare eine hohe Aussagekraft durch die angegebenen Zustimmungswerte aufweisen und somit als Stellvertreter für viele ähnliche Meinungen fungieren. Die Analyse der Kommentare mittels der ITT beruht auf der Grundannahme, dass die Bildungsplanreform 2015 mit den darin formulierten Gesichtspunkten zur Akzeptanz sexueller Vielfalt und die beschriebene Gegenpetition die Art der Situation, in der sich Individuen befinden, verändert hat. Einige Menschen nehmen sich im polarisierten Kontext von Bildungsplan und Gegenpetition nicht mehr über ihre personale sexuelle Identität wahr. Vielmehr hat die Debatte die soziale Identität zwischen manchen Heterosexuellen und LSBTTI salient werden lassen, sodass sich diese Menschen über ihre sexuelle Orientierung als Gruppe definieren. Die Eigengruppe stellt im Zusammenhang mit der Petition die heterosexuelle Mehrheitsgesellschaft dar, wobei die Fremdgruppe durch LSBTTI definiert ist. Die unterschiedlichen Kräfteverhältnisse der Gruppen in der Gesellschaft spiegeln sich im Ausdruck des Konflikts wieder. Die dominante Gruppe formuliert ihre Interessen offensiv, während die Gruppe der

---

[4] Die zehn am besten bewerteten Kommentare befinden sich vollständig in Anhang 2.

LSBTTI in eine Verteidigungsposition gedrängt wird. Unterstützer des Bildungsplans riefen eine Gegenpetition zu „Kein Bildungsplan 2015 unter der Ideologie des Regenbogens" mit 92.255 Unterzeichnern ins Leben, die sich außerdem für Gleichberechtigung und gegen die Diskriminierung von LSBTTI einsetzt (Burger 2014).

Die Forschungshypothese bei der Untersuchung der Kommentare ist, dass die angebrachten Argumente der Petition größtenteils eine symbolische Bedrohung der Eigengruppe (Mehrheitsgesellschaft) durch die Fremdgruppe (LSBTTI) widerspiegeln und eine reale Bedrohung, wie sie in der Petition dargelegt wird, nicht gegeben ist. Die Argumente stellen hauptsächlich Vorurteile und wahrgenommene Ängste gegenüber LSBTTI dar, die nach wissenschaftlichen Erkenntnissen widerlegt werden können, da die subjektive Bedrohungswahrnehmung der objektiven Bedrohungssituation widerspricht.

Kategorisierungen der Argumente nach Bedrohungswahrnehmung   4

Im Folgenden sollen Auszüge der Kommentare selektiv je nach Bedrohungskategorie beleuchtet werden. Nach Einsicht der zehn bestbewerteten Kommentare kann festgehalten werden, dass die Argumente oftmals stark vorurteilsbehaftet sind. Die Vorurteile sollen über die Annahmen der ITT im Kontext der Intergruppenbeziehungen erklärt werden.

4.1 Symbolische Bedrohungen

Die Kategorie der symbolischen Bedrohung hat sich in der Auswertung als die treffendste erwiesen. Ängste und Vorurteile beziehen sich in den Argumenten hauptsächlich auf immaterielle Dinge wie Werte und Normen, welche die Kommentatoren durch die Bildungsplanreform bedroht sehen. Die Förderung der Akzeptanz von LSBTTI wird als „ideologisch" (K. 10)[1] beziehungsweise als „ideologisch geprägte Weltanschauung" (K. 1) eingestuft und abgelehnt. Unter dem „Vorwand der Toleranz" (K. 6) würde in der Bildungspolitik eine „kulturelle Indoktrination" (K. 6) vorangetrieben und die Erziehung unterliege einer „subtile[n] Verstaatlichung" (K. 4), die nicht den Wünschen der „Mehrheit der Bevölkerung" (K. 10) gerecht werde. Vielmehr sei der Bildungsplan ein „Dem-Zeitgeist-Nachlaufen" oder gar „gezielte Manipulation" (K. 1), die von der „Lobby" (K. 3) der LSBTTI gelenkt werde und „unsere Kinder weiter verwirrt und verunsichert" (K. 7).

---

[1] Die Kommentare werden mit „K." abgekürzt und befinden sich vollständig in Anhang 2.

© Springer Fachmedien Wiesbaden 2014   15
J. Westerbarkei, *Intergruppenverhalten*, essentials,
DOI 10.1007/978-3-658-06622-2_4

Die Fremdgruppe der LSBTTI vertritt nach Auffassung der Kommentatoren ganz offensichtlich nicht die von der Eigengruppe akzeptierten Normen, sondern versuche, diese subtil zu unterwandern. Die moralischen Grundsätze der Eigengruppe basieren im Gegensatz zu den Lebensentwürfen der LSBTTI auf „biblischen Normen" (K. 1) mit der „Ehe und Familie" als „Grundpfeiler einer gesunden Gesellschaft" (K. 2). Familien definieren sich dabei als „Mann und Frau, aus deren Mitte Kinder hervorgehen" (K. 9). Nur „eine liebevolle Familie mit Vater und Mutter" (K. 5) könne die Entwicklung stabiler und gesunder Persönlichkeit bei Kindern garantieren (K. 9). Das wertgebundene Familienbild dient der Abgrenzung gegenüber LSBTTI und wertet den Lebensentwurf der Eigengruppe gegenüber der Fremdgruppe auf, um eine positive Distinktheit von der Fremdgruppe zu erreichen. Als Strategie für die Eigengruppenaufwertung und Fremdgruppenabwertung wird dabei auch die Diskriminierung der Fremdgruppe angewandt. Die sexuelle Identität wird zum Beispiel als „pornographisch pervertierte Lüge" (K. 6) verunglimpft oder die Thematisierung von sexueller Vielfalt in der Schule mit einer „geistigen, sexuellen Vergewaltigung" (K. 7) verglichen. Die Eigengruppe sieht offenbar ihre Wertvorstellungen und Weltanschauung durch die schulische Thematisierung anderer Lebensentwürfe in Gefahr. Die wahrgenommene Bedrohung einer Unterwanderung der Norm der heterosexuellen Lebensweise führt zu Fremdgruppenabwertungen und der Hervorhebung der angeblichen moralischen Richtigkeit der eigenen Wertvorstellungen.

4.2 Intergroup anxiety

Die Petition hat grundsätzlich das Ziel, den Kontakt der Eigengruppe mit dem Kontakt der Fremdgruppe weitestgehend zu verhindern. Dies gilt einerseits für direkten Kontakt zu Fremdgruppenmitgliedern, andererseits aber auch für indirekten Kontakt wie zum Beispiel Aufklärung über sexuelle Vielfalt. Die Angst vor der Förderung der Akzeptanz sexueller Vielfalt liegt darin, dass dies Kinder verwirre und verunsichere (K. 7, K. 9), den Halt nehme und desorientieren könne (K. 2). Außerdem besteht die Befürchtung, dass die Konfrontation mit anderen sexuellen Orientierungen die Kinder erst zu einer anderen Sexualität hinlenken könne (K. 5), da Kinder zwangsläufig durch das geprägt werden würden, was ihnen in der Schule vermittelt wird (K. 6). Auch hier liefern die theoretischen Annahmen von Stephan und Stephan (2000) Ansätze, um die Sorgen und Ängsten der Unterzeichner zu erklären. Die Kommentatoren können sich nicht mit der Fremdgruppe identifizieren und nehmen die unterschiedlichen Wertvorstellungen zwischen den Gruppen als Bedrohung wahr.

Der direkte und indirekte Kontakt mit Informationen über Werte und Lebensentwürfe der Fremdgruppenmitglieder soll vermieden werden, um sich die potentiell negativen Konsequenzen einer Zusammenkunft zu ersparen und das eigene Wohlbefinden aufrechtzuerhalten. Auch aversive Tendenzen sind aus den Kommentaren eindeutig zu entnehmen. So versichern die Unterzeichner zum Beispiel ihre eigene Toleranz (K. 2) oder Respekt (K. 7) gegenüber LSBTTI, aber ihre Kinder müsse man ja nicht mit der sexuellen Vielfalt in der Gesellschaft desorientieren (K. 2) oder verwirren (K. 7). Diese Ambivalenz von vermeintlich toleranten Äußerungen auf der einen, aber vorurteilsbehafteten Aussagen auf deren Seite, spiegeln die kulturell-sozialisierten Ängste gegenüber der LSBTTI-Minderheit wider und drücken sich in diesem Fall mit der Forderung der Kontaktvermeidung unter dem Vorwand des Schutzes für die eigenen Kinder aus.

4.3 Realistische Bedrohungen

Die wahrgenommene Bedrohung für die Kinder und der daraus folgende Wunsch des Schutzes der Kinder stellt in den Augen der Kommentatoren auch eine realistische Bedrohung dar. Nach der ITT gelten Bedrohungen auch als realistisch, wenn sie nur als solche wahrgenommen werden, also nicht zwangsläufig auch tatsächlich realistisch sind. Allein die Vorstellung eines realistischen Konflikts reiche aus, um eine realistische Bedrohung darzustellen und die Konsequenzen wie Vorurteile, Stereotype und Diskriminierung auszulösen (Abschn. 2.3). Somit kann zum Beispiel die Desorientierung (K. 2) oder Verwirrung (K. 7) der Kinder im weiten Sinne als reale Bedrohung angesehen werden. Auch die Meinung, dass direkte Aufklärung mehr verschrecke (K. 7) als aufkläre, stellt nach dieser Auslegung der Theorie eine realistische Bedrohung dar, da die Eigengruppe eine Gefahr für die psychische Unversehrtheit des Kindes wahrnimmt. In ein ähnliches Schema fällt außerdem der Glaube, dass eine Partnerschaft zwischen Mann und Frau „am förderlichsten" (K. 5) für das Wohl des Kindes sei. Die Aussage impliziert, dass Kinder, die bei gleichgeschlechtlichen Paaren aufwachsen schlechter gestellt sind als jene, die bei heterosexuellen Paaren aufwachsen. Dies stellt eine wahrgenommene Bedrohung für die Existenzgrundlage der Mitglieder der Eigengruppe dar und kann somit als ‚realistisch' klassifiziert werden. Alle anderen Kriterien für eine realistische Bedrohung wie zum Beispiel der Konflikt um existenzielle Ressourcen, Wohlstand oder Macht werden allerdings in dieser Diskussion nicht erfüllt.

Abschließend kann zusammengefasst werden, dass die Bedrohungswahrnehmungen der Kommentatoren in die drei Kategorien der ITT eingeteilt und gemäß

den theoretischen Ausführungen von Stephan und Stephan (2000) analysiert werden
können. Somit stellt die ITT auch für die Intergruppenbeziehungen zwischen ver-
schiedenen sexuellen Orientierungen einen angemessenen Bezugsrahmen dar, um
Bedrohungswahrnehmungen zu klassifizieren und vorurteilsbelastetes Verhalten in
Intergruppenbeziehungen zu erklären. Ob es sich bei den analysierten Kommentaren um rein subjektive Bedrohungswahrnehmungen handelt oder ob diese auch
nach einer objektiven Überprüfung noch als Bedrohung gelten können, soll in der
Auswertung der Kommentare geprüft werden.

Bei den **symbolischen Bedrohungen** fällt auf, dass einige Kommentare die Gesichtspunkte des Bildungsplans zur Akzeptanz sexueller Vielfalt als ideologisch geprägt ansehen oder die Forderungen an den Zeitgeist angepasst verstehen. Menschen verschiedener sexueller und geschlechtlicher Identitäten werden anscheinend als Lifestyle-Produkte oder Modeerscheinungen der heutigen Gesellschaft verstanden. Dabei ist Homosexualität geschichtlich über Jahrtausende anhand von Quellen nachweisbar (Sigusch 2010, S. 3 f.). Menschen, die der Meinung sind, dass die sexuelle Orientierung auf einer persönlichen Wahl beruht, sind nachweislich vorurteilsbehafteter als jene, welche die sexuelle Orientierung als angeboren betrachten (Smith et al. 2011). Das Weltbild der Eigengruppe ist, wie aus den Kommentaren zu entnehmen, stark religiös geprägt und das zweiteilige Geschlechtersystem das Leitbild ihrer heteronormativen Wertvorstellung. Darüber hinaus werden LSBTTI als Kranke diskriminiert, da angeblich gesunde Persönlichkeiten nur aus heterosexuellen Beziehungen entspringen können (zum Beispiel in Kommentar 9). Alle Annahmen, dass Menschen verschiedener sexueller und geschlechtlicher Identitäten einer Krankheit unterliegen, konnten jedoch wissenschaftlich nicht bestätigt werden. Jegliche psychologische wie operativen Heilungsversuche sind in der Vergangenheit fehlgeschlagen (Sigusch 2010, S. 4 f.). Die diskriminierenden Aussagen in den Kommentaren weisen zudem ein hohes Maß an Heterosexismus auf. Negative Einstellungen gegenüber LSBTTI werden geäußert, um das von der heterosexuellen Norm abweichende Verhalten als minderwertiger darzustellen und die Eigengruppe damit aufzuwerten.

© Springer Fachmedien Wiesbaden 2014

J. Westerbarkei, *Intergruppenverhalten*, essentials,

DOI 10.1007/978-3-658-06622-2_5

Kommentare, die in die Kategorie der **Intergroup anxiety** eingegliedert wurden, zeichnen sich dadurch aus, dass die Kommentatoren den Kontakt mit der Fremdgruppe vor allem meiden wollen, um ihre Kinder vor den vermeintlich negativen Einflüssen der LSBTTI zu schützen. Die Annahmen, dass Kinder verwirrt werden könnten oder gar selbst die eigene sexuelle Orientierung aufgrund von Informationen über diese ändern könnten, sind allerdings nach bisherigen wissenschaftlichen Erkenntnissen haltlos. Sexuelle und geschlechtliche Identitäten sind nicht erlernbar und auch können Menschen nicht zu einer anderen sexuellen Orientierung verführt werden, wie in den Kommentaren befürchtet. Vielmehr wird nach aktuellem wissenschaftlichen Stand vermutet, dass die sexuelle Orientierung angeboren ist (Klocke 2014). Im Gegenzug ist jedoch bewiesen, dass Intergruppenkontakt Vorurteile abbaut und sich feindseliges Verhalten bei Kooperation untereinander verringert. Im Besonderen ist dies der Fall, wenn Kontakte durch Autoritäten wie zum Beispiel Lehrer gefördert werden (Klocke 2014). Dies widerlegt die wahrgenommenen Ängste und Bedrohungen der Kommentare, die als **realistische Bedrohungen** und Intergroup anxiety klassifiziert wurden. Auch die Befürchtung, dass Kinder, die bei gleichgeschlechtlichen Paaren aufwachsen, Entwicklungsprobleme bekommen können, erweist sich nur als angenommene, nicht aber als tatsächliche Bedrohung. Das Gegenteil ist sogar eher der Fall. Kinder aus gleichgeschlechtlichen Lebenspartnerschaften zeigen in ihrer Entwicklung mehr positive Entwicklungszüge auf als Kinder aus Familien, in denen männliche und weibliche Elternteile vertreten sind, da statt der Familienkonstellation „die Beziehungsqualität in der Familie" (Rupp 2009, S. 306) am bedeutsamsten ist (Rupp 2009).

Bei der Auswertung der Kommentare kann abschließend konstatiert werden, dass die Argumente, wie in der Hypothese angenommen, vor allem subjektiv wahrgenommene Ängste und Vorurteile widerspiegeln. Die wahrgenommene Bedrohung resultiert aus einem Zusammenspiel von unterschiedlichen Wertvorstellungen, Unwissenheit, religiösen Normen und strikten Ansichten von Geschlechterrollen oder Familienbildern. Die Kommentatoren können keine schlagkräftigen objektiven Argumente liefern, die begründete Zweifel an Umsetzung der Leitlinien in Baden-Württemberg hervorrufen würden.

Fazit 6

Betrachtet man rückblickend die dargelegten Ausführungen über intergruppales Verhalten am Fallbeispiel der Online-Petition gegen die Bildungsplanreform 2015 in Baden-Württemberg, können die folgenden Punkte als Erkenntnisse der Arbeit festgehalten werden: Die ITT von Stephan und Stephan (2000) kann konsistente Erklärungen für vorurteilsbelastetes und diskriminierendes Intergruppenverhalten gegenüber LSBTTI im Kontext der Petition liefern. Die Bildungsplanreform, welche die Akzeptanz in Bezug auf sexuelle Vielfalt lediglich als Teilaspekt der Leitlinien fördern möchte, wird von den Gegnern in der Petition, zugespitzt formuliert, als der Untergang der heterosexuellen Lebensweise angesehen und als kulturelle Umerziehung der Kinder verrufen. Aufklärung über die Pluralität der Lebensentwürfe in der Gesellschaft, die in Anbetracht des von Ausgrenzung geprägten Lebensalltags von LSBTTI offensichtlich notwendig ist, wird als Bedrohung der eigenen Wertvorstellungen aufgefasst. Die von der Landesregierung eingeforderten Werte wie Respekt, Toleranz und Akzeptanz hinsichtlich sexueller Vielfalt lässt eine Vielzahl der Kommentatoren durch negative und vorurteilsbeladene Aussagen gegenüber LSBTTI vermissen. Die Annahme, dass die angebrachten Argumente der Petition größtenteils eine symbolische Bedrohung der Eigengruppe (Mehrheitsgesellschaft) durch die Fremdgruppe (LSBTTI) widerspiegeln, konnte bei der Klassifizierung der Kommentare in die drei Bedrohungskategorien der ITT bestätigt werden. Hinweise auf Kontaktvermeidung der Fremdgruppe im Sinne der Intergroup anxiety wurden ebenso identifiziert wie die realistische Bedrohung. Somit ist ein Teil der Forschungshypothese widerlegt, da entgegen der eingangs formulierten Annahme, eine ‚reale' Bedrohung nach der Auslegung der ITT gegeben ist. Dabei ist aller-

© Springer Fachmedien Wiesbaden 2014
J. Westerbarkei, *Intergruppenverhalten,* essentials,
DOI 10.1007/978-3-658-06622-2_6

dings anzumerken, dass es sich bei den realistischen Bedrohungen ausschließlich um *wahrgenommene* Ängste gegenüber LSBTTI handelt. Das subjektive Gefühl von Bedrohung der Kommentatoren konnte anhand objektiver Kriterien wie wissenschaftlichen Befunden entkräftet werden, sodass die Ängste nur eine perzipierte Bedrohung widerspiegeln die sich jeder objektiven Bewertungsgrundlage entziehen Nichtsdestotrotz führen auch rein subjektiv wahrgenommene Konflikte zur Bildung von Vorurteilen und diskriminierendem Verhalten. Intergruppenkonflikte aufgrund sexueller Orientierungen lassen sich durch die breite theoretische Auslegung auf wahrgenommene Konflikte anhand der ITT erklären, welche somit ihre hohe Erklärungskraft für vorurteilsbehaftetes Intergruppenverhalten unter Beweis stellt. Die vielen negativen Einstellungen und heteronormativen Denkmuster, die in diesem Essential analysiert wurden, sollten allerdings nicht darüber hinwegtäuschen, dass auch die Bildungsplanreform in Baden-Württemberg insgesamt Ausdruck der sich gewandelten gesellschaftlichen und politischen Lage in Deutschland ist. Die Tatsache, dass sich eine Landesregierung auf struktureller Ebene mit einem Bildungsprogramm gegen individuelle sexuelle Vorurteile wendet, um Akzeptanz und Gleichberechtigung für eine gesellschaftliche Minderheit zu fördern, zeigt dies deutlich. Forschungen, die belegen, dass geförderte Intergruppenkontakte durch Autoritätspersonen wie zum Beispiel Lehrer Vorurteile abbauen, geben darüber hinaus den Plänen des Kultusministeriums fundierten Rückhalt. Dass die polarisierte Debatte um Bildungsplan und Petition Intergruppenkonflikte hervorruft, ist Teil eines fortschrittlichen gesellschaftlichen Prozesses, der sich auch aus rein rationaler Sicht aufgrund fehlender belastbarer Gegenargumente durchsetzen sollte.

Was Sie aus diesem Essential mitnehmen können

- Die Integrated Threat Theory kann konsistente Erklärungen für vorurteilsbelastetes und diskriminierendes Intergruppenverhalten gegenüber LSBTTI liefern.
- Die Ablehnung der Bildungsplanreform resultiert hauptsächlich aus der wahrgenommenen Bedrohung von Werten und Normen.
- Die Argumente der Bildungsplanreformgegner können anhand wissenschaftlicher Studien widerlegt werden
- Subjektiv wahrgenommene Intergruppenkonflikte führen zur Bildung von Vorurteilen und diskriminierendem Verhalten.

© Springer Fachmedien Wiesbaden 2014
J. Westerbarkei, *Intergruppenverhalten,* essentials,
DOI 10.1007/978-3-658-06622-2

Anhang

Anhang 1: Definition von LSBTTI

„Grundsätzlich: Gemeint sind damit Menschen verschiedener sexueller und geschlechtlicher Identitäten: Lesben, Schwule, Bisexuelle, Transgender, Transsexuelle und Intersexuelle. Als Teil der Emanzipationsbewegung haben sich diese Minderheiten politisch den Oberbegriff LSBTTI gegeben, um Ihre Interessen gemeinsam zu vertreten."

Im Einzelnen:

lesbisch: Eine lesbische Frau liebt und begehrt Frauen, ist gleichgeschlechtlich orientiert und homosexuell.

schwul: Ein schwuler Mann liebt und begehrt Männer, ist gleichgeschlechtlich orientiert und homosexuell.

bisexuell: Ein bisexueller Mensch fühlt sich zu beiden Geschlechtern hingezogen.

transsexuell: Ein transsexueller Mensch empfindet sich nicht seinem biologischen Geschlecht, sondern psychisch dem anderen Geschlecht zugehörig. Viele Transsexuelle möchten diese eigene sexuelle Identität auch sichtbar leben. Viele wollen sich auch körperlich ihrer Geschlechtsidentität annähern und nehmen Hormontherapien und aufwändige medizinisch-operative Angleichungen in Kauf.

transgender: Anders als die meisten Transsexuellen, die die Einteilung der Menschen in „männlich" und „weiblich" für sich bejahen, fühlen sich die meisten Transgender mit dem „Zwei-Geschlechter-Modell" unzureichend beschrieben. Ihr soziales Geschlecht ist oft anders als ihr biologisches.

intersexuell: Intersexuelle oder zwischengeschlechtliche Menschen sind in biologischer Hinsicht nicht eindeutig männlich oder weiblich. Ihre prä- oder postnatale Geschlechtsentwicklung verläuft untypisch. Früher wurden sie auch als Zwitter oder Hermaphroditen bezeichnet. Oft wird ihr biologisches Geschlecht nach der Geburt

© Springer Fachmedien Wiesbaden 2014
J. Westerbarkei, *Intergruppenverhalten,* essentials,
DOI 10.1007/978-3-658-06622-2

festgelegt. Das Personenstandsregister erfordert den Eintrag in „männlich" oder „weiblich". Für viele Intersexuelle ist diese Festlegung oft nicht identisch mit der eigenen geschlechtlichen Identität.

Weitere Begriffe:

sexuelle Identität: Das Selbstverständnis der Menschen darüber, wer sie als geschlechtliche Wesen sind, wie sie sich selbst empfinden und wie sie von anderen wahrgenommen werden möchten.

sexuelle Orientierung: Bedeutet, zu welchem Geschlecht sich ein Mensch emotional und sexuell hingezogen fühlt. Das kann sowohl gegenüber dem gleichen, einem anderen oder gegenüber beiden Geschlechtern sein.

Quelle der gesamten Definitionen Ministerium für Gesundheit, Emanzipation, Pflege und Alter des Landes Nordrhein-Westfalen (2012): NRW-Aktionsplan für Gleichstellung und Akzeptanz sexueller und geschlechtlicher Vielfalt – gegen Homo- und Transphobie, Duisburg, S. 8. URL: http://www.mgepa.nrw.de/mediapool/pdf/emanzipation/lsbt/NRW_Aktionsplan_gegen_Homo-_und_Transphobie_20121031__2_.pdf (Stand: 01.02.14)

Anhang 2: Kommentare der Unterzeichner

Kommentar 1
Dr. Gerhard Betz (Herrenberg) – 11.12.2013 17:03 Uhr
Ich bin Kinderarzt und sehe die dringende Notwendigkeit, unsere Jugendlichen nach zeitlos gültigen ethischen Normen zu informieren oder zu unterrichten und nicht nach ideologisch geprägten Weltanschauungen, die entweder einem opportunistischen Dem-Zeitgeist- Nachlaufen entspringen oder der gezielten Manipulation der Jugend dienen. Am, liebsten würde ich sagen: Nach biblischen Normen, aber das kann ja heutzutage nicht mehr verlangen. Dabei befriedigt mich allerdings die Tatsache, dass alle Ethik im Grunde ursprünglich aus biblischen Quellen entspringt, auch wenn das heute kaum jemand mehr weiß. Und warum ist mir diese Petition wichtig? Ich sehe für mich sonst keinen andern Weg, auf politische Entscheidungen zu reagieren, auch wenn es ja wahrscheinlich an den entscheidenden Stellen nicht gehört wird.

559 Gefällt mir Gefällt mir nicht Unangemessenen Inhalt melden

Kommentar 2
Dr.med.Gerd Kirn (Aldingen) – 10.12.2013 17:04 Uhr
Ehe und Familie bleiben Grundpfeiler einer gesunden Gesellschaft unbenommen davon, dass es auch immer andere Lebensformen gegeben hat und geben wird. Bei

aller Toleranz gegenüber diesen anderen Lebensformen ist es die primäre Aufgabe der Schule, die Normen und Werte zuerst klarzustellen, bevor über den Umgang mit anders Orientierten gesprochen werden kann. Es gibt in dieser Frage keine ‚Gleich-Gültigkeit' und wer diese propagiert, macht junge Menschen desorientiert und haltlos.

410 Gefällt mir Gefällt mir nicht Unangemessenen Inhalt melden

Kommentar 3
Nicht öffentlich (Karlsruhe) – 01.12.2013 22:54 Uhr

Leider haben behinderte Mitbürger keine so gute Lobby hinter sich, wie LSBT-TIQ's!!! Das sollten unsere Kinder lernen, dass der Umgang mit Behinderten normal und gut ist!!!

375 Gefällt mir Gefällt mir nicht Unangemessenen Inhalt melden

Kommentar 4
Dr. Martin Wilk (Meckesheim) – 16.12.2013 18:17 Uhr

Die subtile Verstaatlichung der Erziehung unserer Kinder ist ein alarmierender Verstoß gegen das Grundgesetz. Wehrt euch, ehe es zu spät ist.

333 Gefällt mir Gefällt mir nicht Unangemessenen Inhalt melden

Kommentar 5
Martina Hammann (Neubulach) – 01.12.2013 13:40 Uhr

Selbstverständlich sollen in unserem Land Minderheiten geschützt und niemand wegen seiner sexuellen Orientierung diskriminiert werden. Jedoch ist es nicht nötig, Ansichten von Minderheiten im Bildungsplan zu propagieren und das Interesse, sich in der Entwicklung befindender Jugendlicher auf unterschiedlichste Spielarten der Sexualität erst hin zu lenken. Nachgewiesenermaßen ist für die Entwicklung von Kindern eine liebevolle Familie mit Vater und Mutter, also mit männlichen und weiblichen Anteilen und das in verbindlicher Partnerschaft, am förderlichsten.

329 Gefällt mir Gefällt mir nicht Unangemessenen Inhalt melden

Kommentar 6
Peter Korn (Lahr) – 02.12.2013 14:22 Uhr

Mir ist keine gesetzliche Grundlage für ein Recht des Staates zur Einflussnahme auf die sexuelle Prägung des Menschen bekannt. Kinder werden zwangsläufig durch das geprägt, was ihnen in der Schule vermittelt wird. Kinder verstehen den Unterrichtsinhalt nicht als Angebot, sondern als Leitbild, und liegen damit angesichts der in Deutschland geltenden Schulpflicht gar nicht so falsch. Gerade deshalb sollte man vorsichtig sein mit hoheitlich vermittelten Leitbildern, die nicht auf dem beruhen, was in Kindesaugen heile Welt bedeutet. Man sollte sich hüten, Kindern Sexualität wichtig zu machen, noch bevor Kinder sich für ihre Sexualität interessieren. Und man sollte der pornographisch pervertierten Lüge in unserer Gesellschaft, wonach Sexualität unsere Identität bestimmt, entschieden gegensteuern. Von dahingehender Zivilcourage von Seiten des Kultusministeriums ist jedoch nichts zu spüren. Es sei kein Geld da für das, was Wert hat und gebraucht wird. Warum? Weil die Vorgängerregierung keines hinterlassen habe. Schuld sind also immer die anderen. Das heißt im Klartext: Die Urheber des baden-württembergischen Bildungsplans 2015 stehen nicht für das gerade, was sie insoweit an Kompetenz für sich in Anspruch nehmen. Im Übrigen ist kulturelle Indoktrination nicht gerade das, was ein demokratischer Volksvertreter sich unter dem Vorwand der Toleranz in Sachen Bildungspolitik auf seine Fahne schreiben sollte. Die Bildungspolitik der grünroten Landesregierung erweckt den Anschein, als wäre Rainer Langhans ihr think tank und die Kommune I ihre Vision menschlicher Koexistenz. Erst wollten die Grünen die Menschheit jahrzehntelang von der atomaren Gefahr befreien. Nun machen sie den Geretteten das Leben mit einem bildungspolitischen Supergau zur Hölle. Frisst die grüne Revolution ihre eigenen Kinder?

327 Gefällt mir Gefällt mir nicht Unangemessenen Inhalt melden

Kommentar 7

Nicht öffentlich (Schwieberdingen) – 22.12.2013 08:25 Uhr

Wählt nie wieder Grün!

310 Gefällt mir Gefällt mir nicht Unangemessenen Inhalt melden

Kommentar 8

Alexandra Schühle (Ölbronn-Dürrn) – 21.12.2013 14:32 Uhr

Ich nehme die Verantwortung, meine Kinder sexuell aufzuklären, sehr ernst. Wenn sie sexuelle Fragen stellen, bekommen sie von mir altersentsprechende Antworten innerhalb einer vertrauenvollen Atmosphäre. Diese vertrauenvolle Atmosphäre kann ein Unterricht niemals gewährleisten – und ich habe leider schon mehr als bei einem Kind im Bekanntenkreis erlebt, dass durch eine zu direkte Aufklärung mehr verschreckt als aufgeklärt wurde. Die Vorstellung, dass junge Menschen sich in ihrer Pupertät noch ganz öffentlich mit ihrer Geschlechtlichkeit auseinandersetzen müssen, grenzt meines Erachtens nach an einer geistigen, sexuellen Vergewaltigung. Ich möchte hier betonen, dass ich in meinem Freundes- und Bekanntenkreis homosexuelle und heterosexuelle Freunde habe, die ich respektktiere; nicht wegen ihrer Sexualität, sondern wegen der Tatsache, dass sie liebenswerte Menschen sind. Ich frage mich, wozu muss man etwas sehr privates und intimes zwangsweise in die Öffentlichkeit (Schule) zerren? Müssen unsere Kinder weiter verwirrt und zu verunsichert werden? Gibt es nicht so etwas, wie einen sexuellen Schutzraum in der Schule? Ja, es ist wichtig, über Sexualität zu reden – aber es ist auch sehr intim und nicht alles muss in der Schule im großen Kreis zwangsweise besprochen werden.

307 Gefällt mir Gefällt mir nicht Unangemessenen Inhalt melden

Kommentar 9

Heinz Veigel (Egenhausen) – 29.11.2013 08:14 Uhr

Ich möchte nicht, dass unsere Kinder derart vom Staat erzogen werden und dass sie mit diesem Menschenbild verwirrt werden. Familien aus Mann und Frau aus deren Mitte Kinder hervorgehen sind und bleiben die Stütze und Zukunft eines Landes und sind Garant für die Entwicklung stabiler und gesunder Persönlichkeiten.

234 Gefällt mir Gefällt mir nicht Unangemessenen Inhalt melden

Kommentar 10

Nicht öffentlich (Triefenstein) – 10.12.2013 01:05 Uhr

Der ideologisierte neue Bildungsplan entspricht nicht dem Bildungsauftrag für ca. 90 % der Bevölkerung! Die Minderheit von ca. 10 % sollen geachtet und geschützt werden nach dem GG der BRD, aber nicht ideologisch den Bildungsplan für die Mehrheit der Bevölkerung bestimmen!

230 Gefällt mir Gefällt mir nicht Unangemessenen Inhalt melden

Quelle der gesamten Kommentare Stängle, G. (2013). Zukunft – Verantwortung – Lernen: Kein Bildungsplan 2015 unter der Ideologie des Regenbogens. Petition an den Landtag, Rohdorf, 28.11.2013. https://www.openpetition.de/petition/online/zukunft-verantwortung-lernen-kein-bildungsplan-2015-unter-der-ideologie-des-regenbogens Zugegriffen: 17. Februar 2014.

Literatur

Adam, B. (1998). Theorizing homophobia. *Sexualities, 1*(4), 387–404.

Burger, B. (2014). Gegenpetition zu: Kein Bildungsplan 2015 unter der Ideologie des Regenbogens. Petition an den Landtag, Esslingen am Neckar, 07.01.2014. https://www.openpetition.de/petition/online/gegenpetition-zu-kein-bildungsplan-2015-unter-der-ideologie-des-regenbogens. Zugegriffen: 7. Juni 2014.

Clifton, J. P. (2011). The role of Intergroup threat in attitudes toward same-sex marriage and its beneficiaries. Humbold State University. http://humboldt-dspace.calstate.edu/handle/2148/710. Zugegriffen: 5. Juni 2014.

Eggeling, T. (2010). Homosexualität und Fußball – ein Widerspruch? *APuZ Homosexualität, 15–16,* 20–26.

Emcke, C., & Müller-Wirth, M. (2014). „Homosexualität wird im Fußball ignoriert". DIE ZEIT N° 03/2014. http://www.zeit.de/2014/03/homosexualitaet-profifussball-thomas-hitzlsperger. Zugegriffen: 23. Jan. 2014.

Gammerl, B. (2010). Eine Regenbogengeschichte. *APuZ Homosexualität, 15–16,* 7–13.

Klocke, U. (2014). Homophob? Muss nicht sein. Gastbeitrag in Zeit-Online. http://www.zeit.de/wissen/2014-02/homophobie-ursachen-folgen-akzeptanz. Zugegriffen: 16. Feb. 2014.

Kultusministerium Baden-Württemberg. (2013a). Arbeitspapier für die Hand der Bildungsplankommissionen als Grundlage und Orientierung zur Verankerung der Leitprinzipien – Bildungsplanreform 2015 – Verankerung von Leitprinzipien. Baden-Württemberg. http://www.kultusportal-bw.de/site/pbs-bw/get/documents/KULTUS.Dachmandant/KULTUS/kultusportal-bw/Bildungsplanreform/Arbeitspapier_Leitprinzipien.pdf. Zugegriffen: 23. Jan. 2014.

Kultusministerium Baden-Württemberg. (2013b). Bildungsplanreform 2015. Kultusportal Baden-Württemberg. http://www.kultusportal-bw.de/,Lde/Startseite/schulebw/bildungsplanreform2015. Zugegriffen: 10. Feb. 2014.

Kultusministerium Baden-Württemberg. (2014). Akzeptanz von Sexueller Vielfalt. Kultusportal Baden-Württemberg. http://www.kultusportal-bw.de/,Lde/Startseite/schulebw/Sexuelle+Vielfalt. Zugegriffen: 11. Feb. 2014.

Landesregierung Baden-Württemberg. (2011). Der Wechsel beginnt. Koalitionsvertrag zwischen BÜNDNIS 90/DIE GRÜNEN und der SPD Baden-Württemberg 2011–2016. http://gruene-bw.de/fileadmin/gruenebw/dateien/Koalitionsvertrag-web.pdf. Zugegriffen: 11. Feb. 2014.

© Springer Fachmedien Wiesbaden 2014

J. Westerbarkei, *Intergruppenverhalten,* essentials,

DOI 10.1007/978-3-658-06622-2

Ministerium für Gesundheit, Emanzipation, Pflege und Alter des Landes Nordrhein-Westfalen. (2012). NRW-Aktionsplan für Gleichstellung und Akzeptanz sexueller und geschlechtlicher Vielfalt – gegen Homo- und Transphobie. Duisburg. http://www.mgepa.nrw.de/mediapool/pdf/emanzipation/lsbt/NRW_Aktionsplan_gegen_Homo-_und_Transphobie_20121031__2_.pdf. Zugegriffen: 1. Feb. 2014.

Mummendey, A., & Otten, S. (2002). Theorie intergruppalen Verhaltens. In D. Frey & M. Irle (Hrsg.), *Theorien der Sozialpsychologie* (Bd. II, S. 95–119). Bern: Huber.

Runciman, W. G. (1966). *Relative deprivation and social justice: A study of attitudes to social inequality in twentieth-century England.* Berkeley: University of California Press.

Rupp, M. (2009). *Die Lebenssituation von Kindern in gleichgeschlechtlichen Lebenspartnerschaften.* Köln: Bundesanzeiger Verlag. http://www.bmj.de/SharedDocs/Downloads/DE/pdfs/Forschungsbericht_Die_Lebenssituation_von_Kindern_in_gleichgeschlechtlichen_Lebenspartnerschaften.pdf?__blob=publicationFile. Zugegriffen: 7. Juni 2014.

Sherif, M. (1966). *Group conflict and co-operation: Their social psychology.* London: Routledge.

Sigusch, V. (2010). Homosexuelle zwischen Verfolgung und Emanzipation. *APuZ Homosexualität, 15–16,* 3–7.

Smith, S. J., Zanotti, D. C., Axelton, A. M., & Saucier, D. A. (2011). Individuals' beliefs about the etiology of same-sex sexual orientation. *Journal of Homosexuality, 58*(8), 1110–1131. doi:10.1080/00918369.2011.598417.

SpiegelOnline. (2014). Homosexueller Fußballer: Bundesregierung lobt Hitzlspergers Coming-out, 08.01.2014. http://www.spiegel.de/sport/fussball/bundesregierung-lobt-coming-out-von-thomas-hitzlsperger-a-942453.html. Zugegriffen: 23. Jan. 2014.

Stängle, G. (2013). Zukunft – Verantwortung – Lernen: Kein Bildungsplan 2015 unter der Ideologie des Regenbogens. Petition an den Landtag, Rohdorf, 28.11.2013. https://www.openpetition.de/petition/online/zukunft-verantwortung-lernen-kein-bildungsplan-2015-unter-der-ideologie-des-regenbogens. Zugegriffen: 23. Jan. 2014.

Steffens, M. C. (2010). Diskriminierung von Homo- und Bisexuellen. *APuZ Homosexualität, 15–16,* 14–20.

Stephan, W. G., & Stephan, C. W. (2000). An integrated threat theory of prejudice. In S. Oskamp (Hrsg.), *Reducing prejudice and discrimination* (S. 23–46). Mahwah: Erlbaum.

Tajfel, H., & Turner, J. C. (1986). The social identity theory of intergroup behavior. In S. Worchel & W. G. Austin (Hrsg.), *Psychology of intergroup relations* (S. 7–24). Chicago: Nelson-Hall.

Tajfel, H., Billig, M. G., Bundy, R. P., & Flament, C. (1971). Social categorization and intergroup behavior. *European Journal of Social Psychology, 1,* 149–178.

Turner, J. C. (1987). The analysis of social influence. In J. C. Turner, P. J. Oakes, S. D. Reicher, & M. S. Wetherell (Hrsg.), *Rediscovering the social group: A self-categorization theory.* Oxford: Blackwell.

Wagner, U., & Stellmacher, J. (2004). Intergruppenprozesse. In G. Sommer & A. Fuchs (Hrsg.), *Krieg & Frieden* (S. 156–168). Weinheim: Beltz-Verlag.

Whitley, B. E., & Kite, M. E. (2010). The social context of prejudice. In B. E. Whitley & M. E. Kite (Hrsg.), *The psychology of prejudice and discrimination* (Bd. 2, S. 324–368). Wadsworth: Cengage Learning.

Woltersdorff, V., & Logorrhöe, A. L. (2003). Queer Theory und Queer Politics. *Utopie kreativ, 156,* 914–923. http://www.rosalux.de/fileadmin/rls_uploads/pdfs/Utopie_kreativ/156/156_woltersdorff.pdf. Zugegriffen: 3. Feb. 2014.

Zick, A., & Küpper, B. (2008). Rassismus. In L. Petersen & B. Six (Hrsg.), *Stereotype, Vorurteile und soziale Diskriminierung: Theorien, Befunde und Interventionen* (S. 111–120). Weinheim: Beltz-Verlag.

Zick, A., Küpper, B., & Hövermann, A. (2011). *Die Abwertung der Anderen. Eine europäische Zustandsbeschreibung zu Intoleranz, Vorurteilen und Diskriminierung.* Berlin: Friedrich Ebert Stiftung.